AF235471

Renato Soguel-dit-Piquard, Philanthrop und Entspannungsberater hat sich schon früh in seinem Leben mit der Frage nach idealer Ressourcenoptimierung beschäftigt. Inspiriert durch intrusive Werbefenster auf einschlägigen Webseiten, interaktiven Fernsehshows, sowie Wahlkampfversprechungen von Politiker und Politikerinnen sämtlicher Couleur hat sich Renato Soguel-dit-Piquard seit seiner Jugend damit beschäftigt, wie sich nicht mit dem Minimaleinsatz, sondern mit Nichts Profit machen lässt.

Renato Soguel-dit-Piquard

Dolce Far Niente
Oder die Kunst des Nichtstuns

Das Manuskript dieses Buches wurde verschiedenen Verlagshäusern zur Prüfung und Veröffentlichung eingereicht. Eine Antwort steht bis Heute aus. Als Autor ist es das Schönste zu wissen dass eine Botschaft angekommen ist.

Verlag: Herstellung und Verlag: BoD – Books on Demand,
Norderstedt

ISBN: 9 783 753 830 323

Für meine Frau Fabienne